Mon Canada
NOUVELLE-ÉCOSSE

Sheila Yazdani

TABLE DES MATIÈRES

Nouvelle-Écosse.............. 3

Glossaire 22

Index 24

Un livre de la collection
Les jeunes plantes de Crabtree

Crabtree Publishing
crabtreebooks.com

Soutien de l'école à la maison pour les parents, les gardiens et les enseignants.

Ce livre aide les enfants à se développer grâce à la pratique de la lecture. Voici quelques exemples de questions pour aider le lecteur ou la lectrice à développer ses capacités de compréhension. Les suggestions de réponses sont indiquées en rouge.

Avant la lecture

- Qu'est-ce que je sais sur la Nouvelle-Écosse?
  - *Je sais que la Nouvelle-Écosse est une province.*
  - *Je sais qu'il y a de nombreuses plages en Nouvelle-Écosse.*
- Qu'est-ce que je veux apprendre sur la Nouvelle-Écosse?
  - *Je veux savoir quelles personnes célèbres sont nées en Nouvelle-Écosse.*
  - *Je veux savoir à quoi ressemble le drapeau de la province.*

Pendant la lecture

- Qu'est-ce que j'ai appris jusqu'à présent?
  - *J'ai appris que la capitale de la Nouvelle-Écosse est Halifax.*
  - *J'ai appris qu'il y a des bâtiments colorés à Lunenburg.*
- Je me demande pourquoi…
  - *Je me demande pourquoi la fleur de mai est la fleur de la province.*
  - *Je me demande pourquoi la Nouvelle-Écosse cultive autant de bleuets.*

Après la lecture

- Qu'est-ce que j'ai appris sur la Nouvelle-Écosse?
  - *J'ai appris que l'on peut voir de belles plantes aux Jardins historiques d'Annapolis Royal.*
  - *J'ai appris que l'animal de la province est le retriever de la Nouvelle-Écosse.*
- Lis le livre à nouveau et cherche les mots de vocabulaire.
  - *Je vois le mot **capitale** à la page 6 et le mot **géoparc** à la page 21. Les autres mots de vocabulaire se trouvent aux pages 22 et 23.*

NOUVELLE-ÉCOSSE

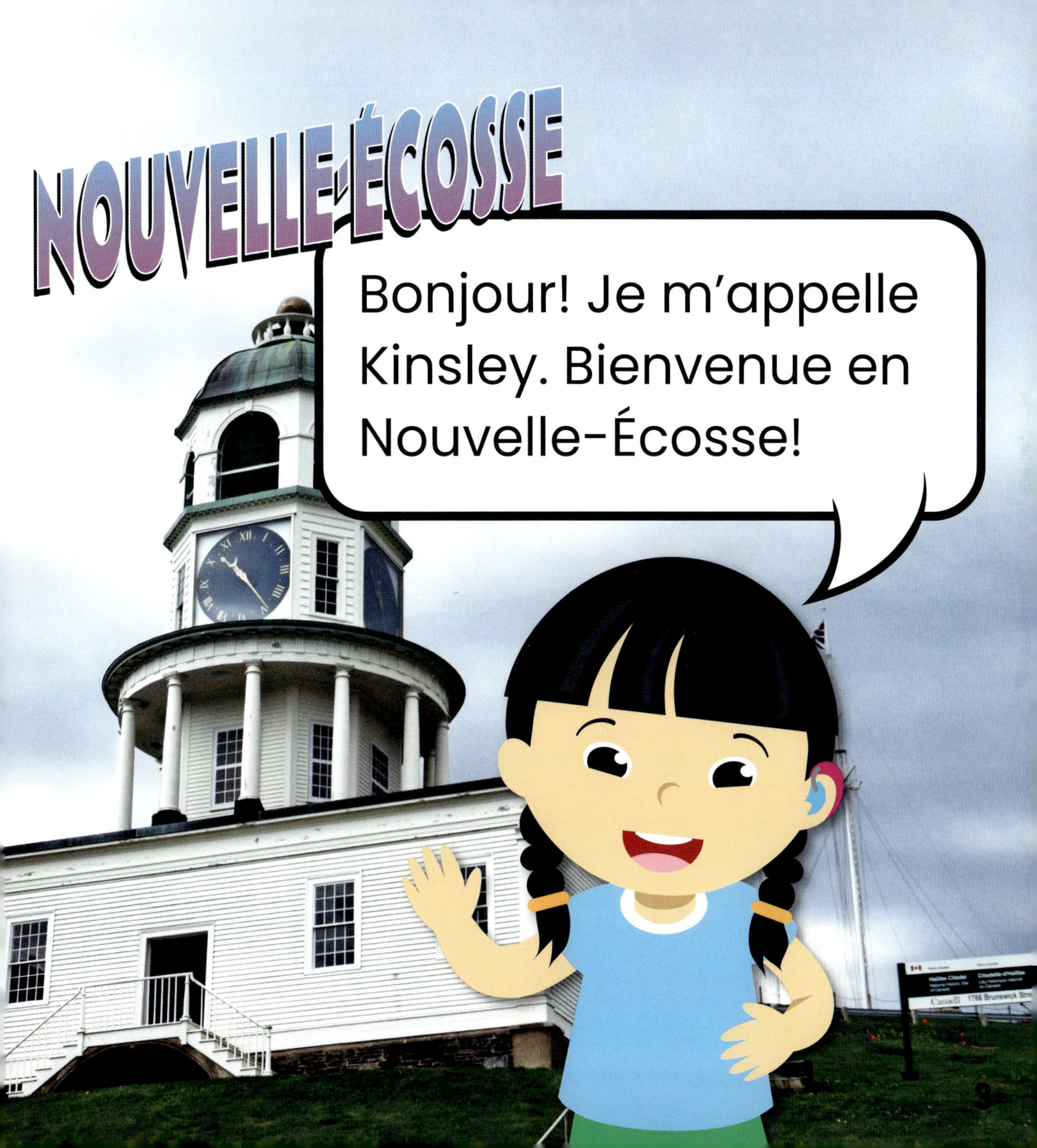

J'habite à Lunenburg. Les bâtiments ici sont très colorés.

C'est dans ma ville qu'a été construit le voilier qui figure sur la pièce canadienne de dix cents.

Halifax

La Nouvelle-Écosse est une **province** de l'est du Canada. La **capitale** est Halifax.

Fait intéressant : Halifax est la plus grande ville de la Nouvelle-Écosse.

L'animal de la province est le retriever de la Nouvelle-Écosse.

La fleur de mai est la fleur de la province.

Nous cultivons beaucoup de bleuets en Nouvelle-Écosse. Nous en utilisons pour faire des muffins aux bleuets.

Fait intéressant : La Nouvelle-Écosse produit environ 22 millions de kilogrammes (50 millions de livres) de bleuets par année.

Le drapeau de ma province a une croix diagonale bleue. Au centre se trouve un **bouclier** sur lequel figure un lion.

J'aime regarder le coucher du Soleil au phare de Peggy's Cove.

Fait intéressant : Une partie de la piste Cabot (Cabot Trail), une route de 298 kilomètres (185 miles), traverse le parc national des Hautes-Terres-du-Cap-Breton.

Ma famille explore le parc national des Hautes-Terres-du-Cap-Breton. Parfois, nous partons avec notre sac à dos.

Ma famille et moi aimons découvrir l'histoire à la Forteresse-de-Louisbourg.

Je visite le parc national Kejimkujik et j'apprends comment vivaient les **Mi'kmaq**.

La chanteuse Sarah McLachlan est née en Nouvelle-Écosse. Le joueur de hockey de la LNH Sidney Crosby est aussi né en Nouvelle-Écosse.

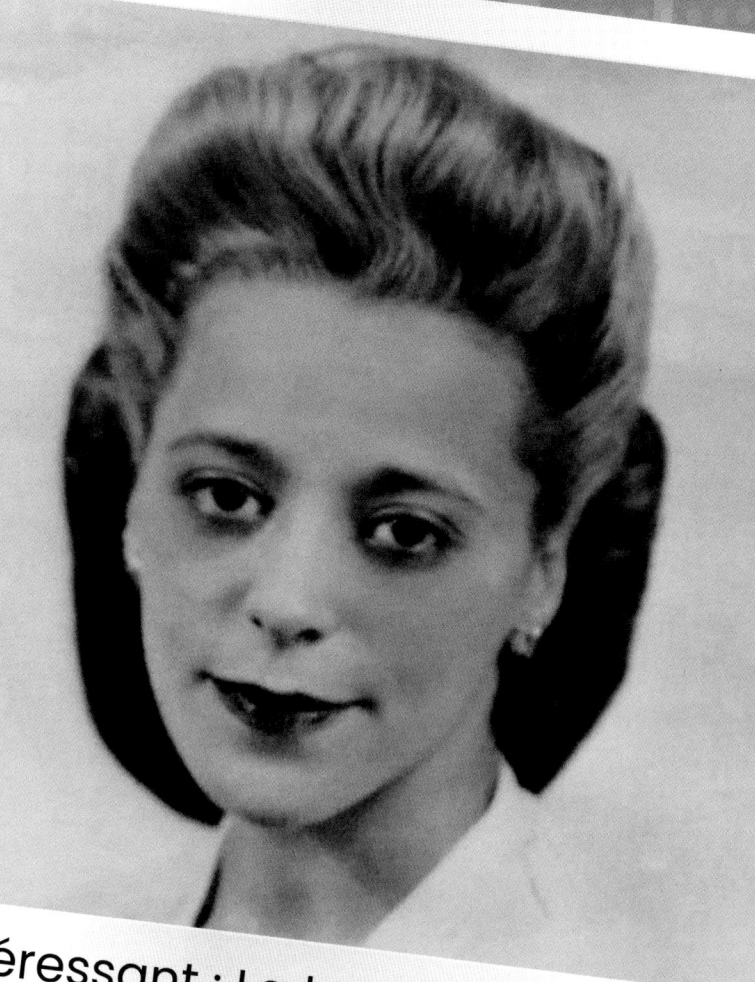

Fait intéressant : La leader des **droits civiques** Viola Desmond est née à Halifax, Nouvelle-Écosse.

J'aime regarder les belles plantes des Jardins historiques d'Annapolis Royal.

C'est amusant de faire de la randonnée au **géoparc** des falaises de Fundy.

Glossaire

bouclier (bou-kli-yé): Une image qui a la forme d'un bouclier de soldat

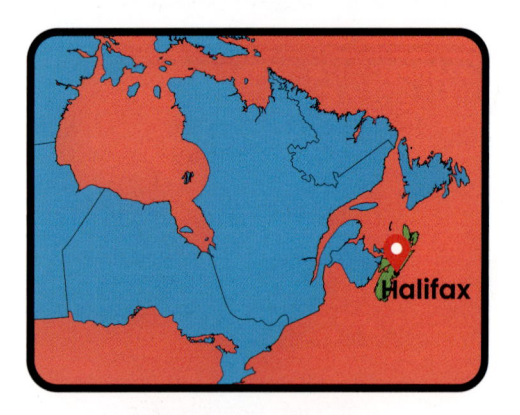

capitale (ka-pi-tal) : La ville où se trouve le gouvernement d'un pays, d'un état, d'une province ou d'un territoire

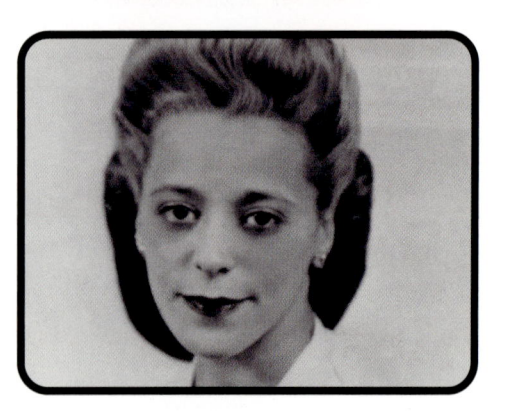

droits civiques (droi si-vik) : Les droits que toute personne devrait avoir dans son pays

géoparc (jé-o-park) : Une zone protégée avec un paysage naturel important

Mi'kmaq (Mik-mak) : Membres des Premières nations qui comptent parmi les premiers habitants du Canada

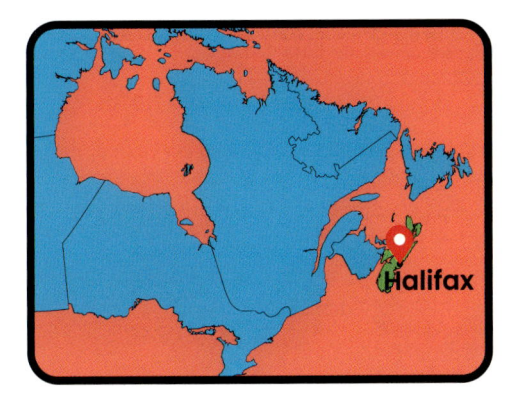

province (pro-vins) : Au Canada, comme dans certains pays, c'est une des grandes zones qui le divise

Index

bleuets 10, 11

géoparc des falaises de Fundy 21

Halifax 6, 7, 19

Lunenburg 4, 5

McLachlan, Sarah 18

sac à dos 15

À propos de l'auteure

Sheila Yazdani vit en Ontario, près des chutes Niagara, avec son chien Daisy. Elle aime voyager à travers le Canada pour découvrir son histoire, ses habitants et ses paysages. Elle adore cuisiner les nouveaux plats qu'elle découvre. Sa gâterie favorite est la barre Nanaimo.

Autrice : Sheila Yazdani
Conception et illustration : Bobbie Houser
Développement de la série : James Earley
Correctrice : Melissa Boyce
Conseils pédagogiques : Marie Lemke M.Ed.
Traduction : Claire Savard

Photographies :
Alamy: Stuart Forster: p. 17, 23; Imago History Collection: p. 19, 22
Newscom: ARCHIE CARPENTER/UPI: p. 18 right
Shutterstock: Geoff Pinkney: cover; Greenseas: p. 3; Brendan Riley: p. 4; Paul McKinnon: p. 5; Media Guru: p. 6, 22-23; Mario Hagen: p. 7; Marina Plevako: p. 8; Jeff Holcombe: p. 9; Bryan Pollard: p. 10-11; Krasula: p. 11; KRS: p. 12, 23; Denna Jiang: p. 13; Natalia Bratslavsky: p. 14; David P. Lewis: p. 14-15; Alessandro Cancian: p. 16; a katz: p. 18 left; Reimar: p. 20; Earl Dow: p. 21-22

Crabtree Publishing

crabtreebooks.com   800-387-7650

Copyright © 2025 Crabtree Publishing

Tous droits réservés. Aucune partie de cette publication ne doit être reproduite ou transmise sous aucune forme ni par aucun moyen, électronique, mécanique, par photocopie, enregistrement ou autrement, ou archivée dans un système de recherche documentaire, sans l'autorisation écrite de Crabtree Publishing Company. Au Canada : Nous reconnaissons l'appui financier du gouvernement du Canada par l'entremise du Fonds du livre du Canada pour nos activités de publication.

Imprimé aux États-Unis/062024/CG20240201

Publié au Canada
Crabtree Publishing
616 Welland Avenue
St. Catharines, Ontario
L2M 5V6

Publié aux États-Unis
Crabtree Publishing
347 Fifth Avenue
Suite 1402-145
New York, New York, 10016

Library and Archives Canada Cataloguing in Publication
Available at Library and Archives Canada

Library of Congress Cataloging-in-Publication Data
Available at the Library of Congress

Paperback: 978-1-0398-4342-4
Ebook (pdf): 978-1-0398-4355-4
Epub: 978-1-0398-4368-4
Read-Along: 978-1-0398-4381-3
Audio: 978-1-0398-4394-3